ABÉCÉDAIRE

D'HISTOIRE NATURELLE.

X

11675

ABÉCÉDAIRE
D'HISTOIRE NATURELLE,

Aussi Instructif qu'Amusant,

CONTENANT tout ce qui est nécessaire pour apprendre à lire aux Enfans, et pour leur donner quelques Notions abrégées sur les ANIMAUX et sur divers autres objets.

Orné d'un grand nombre de Figures gravées.

A PARIS,

Chez CHASSAIGNON, Libraire, rue du Marché-Neuf, N°. 3.

~~~~~~~~~~

. 1815.

(556)

A	B	C	D
E	F	G	H
I J	K	L	M
N	O	P	Q
R	S	T	U
V	X	Y	Z

a	b	c	d
e	f	g	h
i j	k	l	m
n	o	p	q
r	s	t	u
v	x	y	z

A	*B*	*C*	*D*
E	*F*	*G*	*H*
IJ	*K*	*L*	*M*
N	*O*	*P*	*Q*
R	*S*	*T*	*Ù*
V	*X*	*Y*	*Z*

a	b	c	d
e	f	g	h
i j	k	l	m
n	o	p	q
r	s	t	u
v	x	y	z

ba be bi bo bu
ca ce ^{se} ci ^{si} co cu
da de di do du
fa fe fi fo fu
ga ge ^{je} gi ^{ji} go gu
ha he hi ho hu
ka ke ki ko ku
la le li lo lu
ma me mi mo mu
na ne ni no nu
pa pe pi po pu
qua que qui quo qu

ra	re	ri	ro	ru
sa	se	si	so	su
ta	te	ti	to	tu
va	ve	vi	vo	vu
xa	xe	xi	xo	xu
ya	ye	yi	yo	yu
za	ze	zi	zo	zu

ab	*eb*	*ib*	*ob*	*ub*
ac	*ec*	*ic*	*oc*	*uc*
ad	*ed*	*id*	*od*	*ud*
af	*ef*	*if*	*of*	*uf*
ag	*eg*	*ig*	*og*	*ug*

ah	eh	ih	oh	uh
ak	ek	ik	ok	uk
al	el	il	ol	ul
am	em	im	om	um
an	en	in	on	un
ap	ep	ip	op	up
ar	er	ir	or	ur
as	es	is	os	us
at	et	it	ot	ut
av	ev	iv	ov	uv
ax	ex	ix	ox	ux
az	ez	iz	oz	uz

Lettres Voyelles.

(Elles peuvent se prononcer sans le secours des Consonnes.)

a.   e.   i.   o.   u.

Lettres Consonnes.

(Elles ne peuvent se prononcer sans le secours des Voyelles, excepté l'Y, qui, dans ce cas, prend le son de l'I.)

b.   c.   d.   f.   g.   h.   j.   k.

l.   m.   n.   p.   q.   r.   s.   t.   v.

x.   y.   z.

Lettres Doubles.

æ.   œ.   w.

Consonne adoucie.

ç.

(Le C prend le son de l'S lorsqu'il est accom-
pagné de cette espèce de Virgule.)

VOYELLES ACCENTUÉES QUI S'EM-
PLOIENT DANS LE FRANÇAIS.

Lettre aigue.

é.

Lettres graves.

à. è. ù.

Lettres circonflexes.

â. ê. î. ô. û.

Lettres trémas.

ë. ï. ü.

HISTOIRE

Des Gravures contenues dans cet
Abécédaire.

AGNEAU.

Agneau, petit de la Brebis, dont la dou-
ceur est passée en proverbe : *doux comme
Agneau.*

On ne mène les Agneaux aux champs que
vers la fin de mars, et on les sèvre vers la fin
d'avril.

Cet animal domestique est d'une grande
utilité à l'homme. Sa laine lui sert de vête-
ment, sa chaire de nourriture. Sés intestins
ou boyaux, préparés et filés, servent aux ins-
trumens de musique, à faire des raquettes
et à d'autres usages. La peau d'Agneau, gar-
nie de son poil et préparée, donne une excel-
lente fourrure. Dépouillée de sa laine, on en
fabrique des marchandises de ganterie.

gna.

agneau . alouette . becasse .

ALOUETTE.

Alouette, oiseau de la grosseur du moineau, messager du printemps, qui vit dans les champs, et fait l'ornement des airs, lorsqu'il s'élève en chantant jusqu'aux nues.

Cet oiseau est très-commun en France.

L'Alouette grasse que l'on sert sur les meilleures tables, sous le nom de *Mauviette*, est un met fort délicat.

Il y a aussi l'Alouette de mer, recherchée par les gourmets. Elle remue continuellement la queue, et change de place à tout instant. Elle habite les lieux marécageux, sur les côtes de la mer.

BÉCASSE.

Bécasse, oiseau de passage, un peu moins gros que la perdrix, ayant un long bec obtus par le bout. Le noir et le cendré forment sa couleur. Il fréquente les bois humides et les ruisseaux près des haies, où il trouve des vers dont il fait sa nourriture.

Cet oiseau se retire dans l'été sur le haut des montagnes, et l'hiver il descend dans la plaine. Il n'est pas rare en France et dans les pays voisins. Son vol est pesant, mais il trotte à terre avec une grande vitesse. Sa chaire est très-délicate.

BILLE.

Bille, boule d'ivoire, d'os ou de bois. On ne se sert que de billes d'ivoire, pour jouer au billard. On dit faire une bille, pour dire la mettre dans une des blouses qui sont autour de la table.

Les enfans jouent ensemble avec de petites billes de marbre, de grès ou de caillou.

CAILLE.

Caille, oiseau de passage, d'un ramage assez agréable, qui se nourrit ordinairement de blé, de millet, et même de plantes herbacées, de vers et d'insectes.

Cet oiseau ne perche point; il se tient préférablement dans les blés verts, ou dans leur chaume, quand ils sont coupés. Il multiplie prodigieusement.

On en compte de plusieurs espèces.

Comme la Caille est un mets exquis, l'oiseleur emploie toutes les ruses possibles pour la prendre; il se sert surtout de filets, en contrefaisant le chant de la Caille, avec un instrument de cuir ou d'os, appellé *courcaillet* ou *carcaillot*.

ca.

canard.

ail.

caille.

il.

bille.

CANARD.

Canard. Outre le Canard domestique et le sauvage, on en distingue plusieurs autres espèces.

Le mâle s'appelle Canard ou *Malard*, et la femelle *Canne*.

Cet oiseau se nourrit de racines, de plantes aquatiques, de vers et d'autres insectes, qu'il trouve dans les ruisseaux, aux bords des étangs et des marais. Il est si glouton qu'il mange de tout, et quelquefois avec tant de voracité, qu'il court risque de s'étrangler.

Le Canard sauvage est un oiseau de passage, qui va par troupes pendant l'hyver. Il est plus estimé que le Canard domestique.

CÉRÈS (Mythologie).

Cérès, fille de Saturne et d'Ops, ou Vesta, ou Cybèle, déesse de l'agriculture, apprit aux hommes l'art de cultiver la terre, de semer le blé, de le récolter et d'en faire du pain. On la représente ordinairement, portant dans ses bras une gerbe de blé.

céres.

che.

cheval.

ien

Chïen

CHEVAL.

Cheval, animal quadrupède remarquable
ar la beauté de sa taille, son courage, sa foce,
docilité de son caractère et l'utilité infinie
ont il est à l'homme.

Il peut vivre vingt-cinq ou trente ans et
ême plus.

On le nourrit avec du foin et de l'avoine,
u avec d'autres plantes et graines, quand
s deux premiers manquent.

Il seconde l'homme dans tous ses travaux
endant sa vie, et après sa mort, il donne au
ommerce sa dépouille. C'est son crin, son
oil, sa peau et la corne de son pied.

Sa femelle s'appelle *Jument*.

CHIEN.

Chien, le plus familier de tous les ani-
aux domestiques, l'ami et le compagnon de
omme.

Indépendamment de la beauté de sa forme,
e sa vivacité, de sa force et de sa légèreté,
possède un sentiment délicat, exquis. Il sait
ncourir aux desseins de l'homme, veiller
sa sûreté, l'aider, le défendre et le flatter;

avec le Chien, l'Homme a conquis la terre et en est devenu paisible possesseur.

De tous les animaux, le Chien est le plus sujet à la rage.

Il est aussi de tous celui dont la nature est la plus sujette aux variétés; et ce qui n'était d'abord qu'une variété est devenu ensuite, pour ainsi dire, une espèce constante.

La durée ordinaire de la vie des Chiens est d'environ quatorze ans.

Cet animal est naturellement vorace et gourmand; cependant il peut se passer de nourriture pendant long-tems.

COING, ou POIRE DE COING.

Coing, fruit du Coignassier, arbre du genre du Poirier, peu élevé, et qui souvent n'est pas plus haut qu'un arbrisseau.

Ce fruit varie pour la forme, tantôt rond, tantôt allongé, semblable à une poire, d'une belle couleur jaune. Comme il est acide, il se mange rarement; on en fait des gelées appelées *Cotignac*; des liqueurs et un vin de Coing.

On l'emploie aussi avec succès dans la médecine.

oin.

coing.

dé.

écrevisse.

DÉ.

Dé, petit morceau d'os ou d'ivoire, de figure cubique, ou à six faces, dont chacune est marquée d'un différent nombre de points, depuis un jusqu'à six, et qui sert à jouer. Ce jeu est un grand amusement pour les enfans; au lieu d'argent, ils mettent des épingles pour payer.

On ne peut se passer de Dés au jeu de trictrac, etc.

ÉCREVISSE.

Écrevisse. On en distingue deux espèces principales, savoir les Ecrevisses de mer, qui sont le Homard, le Langouste, etc., et les Ecrevisses de rivières; toutes ont le corps et la queue allongée.

L'Ecrevisse de rivière est d'une grosseur bien inférieure à celle du Homard. Sa queue lui sert à nager et même à marcher sur terre, mais seulement à reculons. Sa croûte, qui est grise, rougit extérieurement par la cuisson. Elle se nourrit de charognes aquatiques et d'ordures.

EURUS (Mythologie).

Eurus, vent d'Orient, et l'un des quatre

eu

eurus.

euil

fauteuil.

furet.

principaux. Les anciens le peignaient comme
un vent très-impétueux.

FAUTEUIL.

Fauteuil, chaise à bras avec un dossier,
meuble de chambre propre à un malade.
Dans les salons, on présente le Fauteuil aux
personnes de qualité et de distinction, comme
le siége le plus honorable.

Le luxe a varié les formes du Fauteuil ; ce
meuble est si commun qu'il n'y a pas de petit
bourgeois qui n'ait plusieurs Fauteuils.

FURET.

Furet, joli petit animal, originaire d'Afrique, dont on se sert pour prendre les lapins,
et qui va les chercher dans leur terrier. On
les élève dans des tonneaux, où on leur fait
des nids d'étoupes ; ils dorment presque continuellement. On les nourrit de son, de pain
et de lait.

Lorsqu'on s'en sert pour la chasse du lapin,
on lui met une muselière, sans cela il suce-
rait son sang jusqu'à le faire mourir.

GALERE.

Galère, sorte de bâtiment de mer, long et

ga.   *ai.*

galere.   *geai.*   *genisse*

de bas-bord, qui va ordinairement à rames et quelquefois à voiles. On inflige à des condamnés la peine de ramer sur des Galères, d'où ils ont été appelés *Galériens*.

Il y a des Galères de différentes grandeurs.

GEAI.

Geai, oiseau d'un plumage bigarré, qui est du genre des pies, et auquel on apprend à parler.

Cet oiseau, fort connu dans tous les pays, est aussi voleur que la Pie; il se plaît à dérober et à chercher les lieux les plus secrets pour cacher ce qu'il a pris.

L'ouverture de son gosier est si ample qu'il avale des glands tout entiers; c'est la nourriture qu'il prend l'automne et l'hiver. Le printems et l'été, il va chercher les pois verds, les groseilles, les fruits de la ronce, et les cerises, qu'il aime beaucoup.

GENISSE.

Genisse, nom qu'on donne à la petite et jeune vache jusqu'à deux ou trois ans. Cet animal est dans sa plus grande force depuis trois ans jusqu'à neuf : après ce tems, elle n'est plus propre qu'à être engraissée. Elle ne vit guère que quatorze ou quinze ans. Sa nourriture est la même que celle du Taureau et du Bœuf, et on doit lui prodiguer les mêmes soins.

HÉRON.

Héron, genre d'oiseau aquatique, qui a le bec fort long, les jambes fort hautes, les aîles très-étendues, et qui vit de poissons, de grenouilles et de lézards. Souvent il blesse d'assez grands poissons sans pouvoir les tirer de l'eau et les emporter.

Ces oiseaux sont fort communs en Basse-Bretagne ; ils volent fort haut, font leurs nids au sommet des arbres de haute futaie. Leurs œufs sont d'un vert pâle tirant sur le bleuâtre.

IRIS ou FLAMBE.

Iris ou *Flambe*, plante à laquelle on a donné ce premier nom, parce que la variété de ses couleurs approche de celles de l'arc-en-ciel. Il y en a un très-grand nombre d'espèces, dont quelques-unes, à cause de leur beauté, sont cultivées dans les jardins. On emploie ses racines dans la médecine. Cette plante croît ordinairement sur les murailles et en

heron.

iris.

J.

janus.

plusieurs autres lieux. Les parfumeurs font beaucoup d'usage de la poudre de l'Iris de Florence, pour donner une odeur de violette à la poudre.

JANUS.

Janus, selon la Fable, roi d'Italie, fils d'Apollon et de Creüse. Saturne, chassé du ciel, ayant abordé en Italie, Janus l'accueillit et l'associa même à sa royauté. Le dieu, par reconnaissance, doua Janus d'une rare prudence, qui rendait le passé et l'avenir toujours présens à ses yeux, ce qu'on croit exprimé par une tête à deux visages. Le règne de Janus fut pacifique, ce qui le fit depuis regarder comme le dieu de la Paix.

KAOUANNE ou CACOURNE.

Kaouanne ou *Cacourne*, espèce de tortue de mer, assez commune aux Antilles. Sa chair est noire, très-filamenteuse, coriace, de mauvais goût et d'une odeur désagréable. Elle fournit une huile qui n'est bonne que pour les lampes. Son écaille est très-mince, d'une couleur qui n'est point agréable; elle est toujours chargée d'une espèce de gale qui la gâte absolument.

ain.

Kacourne. *lézard.* *main.*

LÉZARD.

Lézard. Il y en a de plusieurs espèces.
Le Lésard ordinaire est un animal commun
et utile dans les pays chauds, où il détruit
les mouches et d'autres insectes incommodes.
Il a cinq à six pouces de long et un demi
pouce de large. Il dépose ses œufs dans de
vieilles masures, où il se retire pendant
l'hiver ; et la chaleur de l'air suffit seule pour
les faire éclore. Il ne mange que peu ou point
pendant l'hiver, et il peut vivre sept ou huit
mois sans prendre de nourriture.

MAIN.

Main, partie du corps humain, qui est au
bout du bras, et qui sert à toucher, à prendre
et à plusieurs autres usages. C'est avec la
Main que l'homme s'est, pour ainsi dire,
rendu maître de toute la nature. C'est avec ce
puissant agent de ses volontés, qu'il surmonte
les plus grands obstacles, et qu'il s'est rendu
le despote de tout ce qui l'environne. La vo-
lonté commande, la Main exécute.

MELON.

Melon, sorte de fruit ou de légume, dont

melon.

oi.

oie.

orange.

la tige rampe sur terre.. On connaît qu'il est mûr, quand la queue veut se détacher du fruit, qu'il commence à jaunir du côté de la queue, et qu'il a une pesanteur considérable à raison de son volume. Un bon Melon est un excellent manger; mais il faut en user sans excès, sinon il produit la dyssenterie. Outre les diverses espèces de Melon, on distingue le Melon d'eau, qui mûrit très-bien en Italie et difficilement dans notre climat.

NUAGE ou NUÉE.

Nuage ou *Nuée*, amas de vapeurs humides suspendues dans l'air.

Le vent fait quelquefois avancer les nuées avec tant de rapidité qu'elles font deux à trois lieues en une heure.

Ce sont des nuages que tombent ou la pluie, ou la neige, ou la grêle.

Dans les pays des montagnes on voit les nuages se former, comme si les montagnes rendaient de la fumée.

OIE.

Oie, oiseau de basse-cour et amphibie qui vit sur la terre et dans l'eau : il est plus petit

que le Cigne, mais plus grand et plus gros
que le Canard. Il se nourrit principalement
de grains et d'herbes.

Quand l'Oie se met en colère, elle siffle
comme le serpent ; elle vit très-long-tems.

Cet oiseau entre dans nos usages domestiques ; ses petites plumes, connues sous le nom
d'*édredon*, servent à faire des lits, des cous-
sins et des oreillers. Les grandes plumes de ses
ailes nous fournissent des plumes à écrire ;
sa chaire, quoiqu'assez bonne à manger, est
peu salutaire et difficile à digérer.

L'Oie sauvage est plus petit que l'oie domestique, et plus estimé pour la table. Il
vole par bandes le jour avec beaucoup de rapidité et en forme d'angle rectiligne..

O R A N G E.

Orange, fruit à pepin, fort rond, de couleur jaune doré, d'odeur agréable, qui a beaucoup de jus , et qui est particulier aux pays
du Midi. On confit ses écorces ; on fait avec
son suc une boisson rafraîchissante, appelée
Orangeade. On le mange avec plaisir, et il
sert d'étrennes à donner à ses parens et à ses
amis le premier jour de l'an.

OUTARDE.

Outarde, gros oiseau de beau plumage, qui vit ordinairement dans les plaines.

Lorsque l'Outarde est chassée, elle court fort vîte.en battant des ailes, et va quelquefois très-loin sans s'arrêter.

Le cri des Outardes est à-peu-près semblable à celui du Corbeau. Sa chair a le goût de celle du Dindon.

Les sauvages se font des robes de plumes de cet oiseau.

PÉLICAN.

Pélican. Cet oiseau aquatique est étranger; il est très-grand, très-fort et vit long-tems : ses ailes sont très-étendues. Sa nourriture est le poisson qu'il prend avec beaucoup d'adresse. Il a au bas du cou, et entre les clavicules, une ouverture, en forme de sac, par le moyen duquel il retire de son estomac avec son bec les alimens qu'il a pris, lorsqu'ils sont à demi-digérés, et en nourrit ses petits.

PHÉNIX.

Phénix, oiseau fabuleux, de la grandeur d'une aigle, dont les Egyptiens avaient fait _ph_.

_ou_.

phénix.   _pelican_.   _outarde_.

une divinité. Lorsqu'il voit sa fin approcher, il se forme un nid de bois et de gommes aromatiques, qu'il expose aux rayons du soleil, et sur lequel il se consume. De la moëlle de ses os naît un ver d'où se forme un autre Phénix. Sa vie se prolonge jusqu'à cinq à six cents ans. C'était, chez les anciens, le symbole de l'éternité, et chez les modernes, celui de la résurrection.

PIED.

Pied, la partie du corps de l'homme ou d'un animal quelconque, qui est jointe à l'extrêmité de la jambe, et qui lui sert à se soutenir ou à marcher. On dit aussi le pied d'une montagne, d'un arbre, d'une table, d'une chaise, d'un lit, d'une marmite, etc., etc.

QUENOUILLE.

Quenouille, sorte de petite canne ou bâton que l'on entoure vers le haut ou de soie, ou de chanvre, ou de lin, ou de laine pour filer.

A la campagne, c'est presque toujours de filasse de chanvre qu'on charge une Quenouille.

QUAI.

Quai, levée ordinairement revêtue de

ié

pied.

ouïl

quenouille.

b· on qu·

fronb

·b· no qu·

pierre de taille, et faite le long d'une rivière, entre la rivière même et les maisons, pour la commodité du chemin et pour empêcher le débordement des eaux.

On appelle aussi Quai le rivage d'un port de mer ou d'une rivière qui sert pour la charge et la décharge des marchandises.

RENARD.

Renard, animal quadrupède, puant, malin et rusé, qui vit de rapine. Il a beaucoup de rapport au loup et au chien pour la conformation. Dans les pressans dangers, il creuse en terre, avec les ongles, des trous où il se retire. Il se loge au bord des bois, à la portée des hameaux. Friand d'oiseaux, de volaille et de gibier, il met en jeu la souplesse, la légèreté, la ruse, et surtout la patience, pour attendre sa proie. Le Renard glapit, aboie, et pousse un son triste semblable à celui du Paon.

SERIN.

Serin, petit oiseau, originaire des Canaries, du genre du moineau, auquel on apprend à parler et à siffler des airs entiers.

On est parvenu à naturaliser cet oiseau

renard.

Serin.

eil.

soleil.

dans nos climats; il s'y plaît et y multiplie très-bien.

Son plumage est blanc à son origine, mais étant couché, il est d'une belle couleur de citron.

Il se prive facilement, et on se fait un amusement de son éducation. On le nourrit de millet et de navettes mêlés également.

SOLEIL.

Soleil. C'est le grand astre lumineux qui éclaire, et qui, par sa présence sur l'horison, constitue le jour. Il est dans la nature la source de la lumière; c'est lui qui règle les jours et les saisons.

Le Soleil est éloigné de la terre de trente-deux millions trente-neuf mille cinq cent soixante-huit lieues.

C'est sous l'heureuse influence du Soleil que mûrissent les moissons, que les fleurs s'épanouissent, et que la végétation prend son accroissement.

Des peuples ont adoré le Soleil comme une Divinité.

TAUREAU.

Taureau, quadrupède indocile et fier, qui,

devenu bœuf, seconde l'homme dans les travaux de la campagne.

Le Taureau ne sert qu'à la propagation de l'espèce.

On le nourrit (le bœuf) avec du foin, de la paille, et quelquefois on peut lui donner un peu de son et d'avoine.

Indépendamment de sa chair, qui est un des alimens de l'homme, sa peau, sa corne, sa graisse, etc., servent à une infinité d'usages.

URANIE (Mythologie).

Uranie, Muse de l'Astronomie. On la représente vêtue d'une robe de couleur d'azur, couronnée d'étoiles, ayant la main droite appuyée sur un globe.

VÉSUVE.

Vésuve (le mont), volcan dans le royaume et aux environs de Naples. Ce gouffre montueux et ardent, dans son éruption, couvre l'horison de flammes ou de ténèbres, vomit avec impétuosité des matières bitumineuses, sulfureuses, embrâsées, nommées *laves*, ou lance comme une grêle des éclats de pierres calcinées ou vitrifiées.

Le voisinage du Vésuve est très-dangereux.

uranie.   vesuve.   Ycho

XOCHITOL.

Xochitol. Cet oiseau d'Amérique, qui est fort peu connu, a le dos et le croupion noirs ; la poitrine, le ventre et le dessous du corps d'un jaune de safran mêlé d'un peu de noir. Ses ailes sont variées de noir et de blanc ; sa queue est de la même couleur que le dessous du corps. On dit que son ramage est très-agréable ; qu'il se nourrit d'insectes et de grains, qu'il suspend son nid à l'extrémité des petites branches, et qu'il est un manger délicat.

YCHO.

Ycho, espèce de jonc du Pérou, dont toutes les montagnes de la Puna sont couvertes. C'est la nourriture ordinaire des *Lamas,* animal ressemblant à plusieurs égards au Chameau, mais d'une figure plus élégante, et n'ayant aucune de ses difformités.

ZEBRE.

Zèbre, animal quadrupède, plus petit que le Cheval et plus grand que l'Ane. Il est robuste et très-bien fait, et ne se trouve que dans les parties les plus orientales et les plus

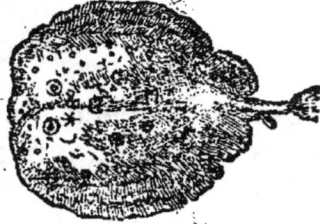

méridionales de l'Afrique. Sa course est légére et très-vive : il a la figure et les graces du Cheval et la légèreté du Cerf. Il y en avait un à la ménagerie de Versailles en 1761, èt on en voit encore un aujourd'hui au Jardin du Roi à Paris. — Cet animal marche ordinairement en troupe.

F I N.

BAUDOIN, Imprimeur, rue du Marché-Neuf, N°. 3.